Libro de FONÉTICA

2

Pearson

Glenview, Illinois Boston, Massachusetts
Chandler, Arizona Nueva York, Nueva York

Pearson Education, Inc. 330 Hudson Street, New York, NY 10013

ISBN-13: 978-0-134-90775-8
ISBN-10: 0-134-90775-2

Pearson

4 19

Tabla de contenidos

Unidad 2

Unidad 3

Unidad 4

Unidad 5

Noche de luna

por Lilia Mosconi

Libro de fonética

1

Las palabras con sílabas abiertas

abre	apaga	arropa	beso
cama	déjame	día	dice
farolitos	hora	ilumina	llena
lleno	luna	mamá	mejilla
mira	pero	pieza	puede
puedo	rayo	tápate	todo
trata			

Palabras de uso frecuente

cielo niño noche

Es noche de luna llena.
La luna ilumina todo el cielo.

El niño mira el cielo lleno
de farolitos.
—Ya es hora de ir a
la cama —dice su mamá.

La mamá arropa al niño y le da un beso en la mejilla.

Un rayo de luna ilumina la pieza.
El niño abre los ojos. ¿Ya es de día?

—Luna, apaga la luz y déjame dormir —dice el niño.
—Tápate los ojos con las manos —dice la luna.

El niño trata de mover las manos,
pero no puede.
—No puedo, luna —dice.
—¿Sabes por qué? —dice la luna.
—No —dice el niño.

—Porque ya te has dormido —dice la luna.

Libro de fonética

2

El viaje de los cocos

por Mabel Rauch

Las palabras con sílabas cerradas

altas	avión	bolsas	cajones
calor	cocos	combi	después
espera	están	hasta	hombre
hombres	llenaron	meten	palmeras
parar	pista	suben	tiendas

Palabras de uso frecuente

al par sin

Dos hombres suben por dos palmeras. Las palmeras son altas y están al sol.

Hace mucho calor, pero los hombres suben sin parar. Allá arriba están los cocos.

Los hombres meten los cocos en bolsas. Después, meten las bolsas en cajones.

Los hombres llenaron un par de cajones hasta el tope.
¿Qué pasará con los cocos?

Otro hombre lleva los cajones a una combi. La combi espera en el camino.

La combi lleva los cajones a un avión. El avión espera en la pista.

El avión vuela con los cajones. Lleva los cocos a las tiendas de lugares lejanos.

Casas

por María Fourquet

Libro de fonética

3

Las palabras con *c, q, k*

arces	balcón	barco	bosque
calculo	camino	casa	Cirilo
común	cómoda	con	copas
cosa	dice	escalera	Karen
kilos	koalas	mece	parque
pequeña	que	quince	

Palabras de uso frecuente

aquí cerca leer

Esa casa está cerca del parque. Desde aquí se ven las copas de dos arces.

Esa casa es tan pequeña que puede andar por el camino. Calculo que pesa unos quince kilos.

Esa casa está tan alta que tiene una escalera. Está en un bosque con pinos y koalas.

Esa casa se mece en el agua.
Es un barco que va de aquí para allá.

Karen dice que su casa es muy cómoda.

Cirilo tiene un bebé. Usa el balcón de su casa para leer y tomar sol.

Estas casas son muy distintas, pero tienen una cosa en común: todas son un hogar.

El taller de Xavier

por Demetrio Sosa Paz

Libro de fonética

4

Las palabras con *j*, *g*, *x*

ágilmente	aguja	bajo	generoso
genial	gigante	gira	giran
junto	ojalá	ojos	oveja
paja	teje	tejido	tijera
Xavier			

Palabras de uso frecuente

árbol hojas

Bajo las hojas de un árbol gigante hay un banco de paja con ropa apilada.

El día está frío. Pasa un nene y toma un gorro tejido. Pasa una nena y se pone una capa de lana.

Junto al banco hay un sendero. El sendero gira a la derecha. Lleva al taller de Xavier.

Xavier teje telas con lana de oveja.
Las corta ágilmente con una tijera.
Después las cose a máquina, con
hilo y aguja.

Antes de ir al taller, Xavier pide un deseo:
—¡Ojalá que la tela ya esté cortada!

Los ojos de Xavier se ponen redondos. ¡La tela ya está cortada!

Los nenes y las nenas giran en ronda.

—Las cortamos nosotros, Xavier. Porque tú eres generoso. ¡Eres genial!

Libro de fonética

5

Miguel oyó un sonido

por María Fourquet

Las palabras con *ga, go, gu, gue, gui*

agudo	algo	amiguitos	gallina
ganas	golpe	gorila	guiso
gusano	juguetón	llegó	Miguel
oruguita	regar	seguir	

Palabras de uso frecuente

agua día hago

Miguel cortó las hojas secas del rosal. Cuando iba a buscar el agua para regar, oyó algo.

No sonaba como el “tututú” agudo de una flauta. Tampoco sonaba como un golpe de tambor.

No sonaba como el guiso cuando se cae al piso.

No sonaba como un gusano ni
como una oruguita.

No sonaba como un gorila enojado. Tampoco sonaba como un gorila juguetón.

Sonaba como una gallina feliz, con ganas de cantar. “¿Qué hago para saber qué es? ¡Ya sé! Voy a seguir el sonido”, pensó Miguel.

Miguel llegó hasta un árbol bajito.
En el árbol vio un nido... con tres bebés.

—¡Buen día, amiguitos!

Libro de fonética

6

Soy el oso César

por Mabel Rauch

Las palabras con *z*, *c*, *s*

bicis	carozo	cerca	César
ciruelas	despacito	difícil	dos
es	esperas	esta	está
estoy	fácil	gustó	hacer
historia	más	mellizos	necesito
oso	parece	pasitos	pincel
piso	sacar	saco	sé
seguro	ser	sol	son
sorpresa	soy	suerte	vas
zorros			

Palabras de uso frecuente

hacer luz sombra

Soy el oso César. Soy un oso mago. Ahora vas a ver todo lo que sé hacer.

Sé sacar dos zorros de la galera. Son zorros mellizos. No es tan fácil como parece.

Sé hacer un avión con dos bicis.
¿Te animas a ser mi copiloto?

Estas ciruelas maduraron a la luz del sol. Yo las saco y me las como a la sombra del árbol. Hay que comerlas despacito. ¡Todas tienen carozo!

Esta es la parte más difícil. Hay que dar pasitos cortos y seguros. Por suerte, el piso está cerca.

Para mi último truco, necesito pinturas y un pincel. Estoy seguro de que no te lo esperas.

¡Sorpresa! Sé hacer un final para esta historia. ¿Te gustó?

Pingüinito

por María Fourquet

Libro de fonética

7

Las palabras con *güe, güi*

agüita	Pingüinito	pingüino	pingüinos
pingüinote	sinvergüenza	vergüenza	

Palabras de uso frecuente

igual

Pingüinito no se sentía igual a los otros pingüinos.
Pingüinito era el pingüino más pequeño.

Pingüinito era el pingüino más lento.

Pingüinito era el pingüino menos valiente.

—¡Ven al agüita, Pingüinito!
—decían los otros pingüinos.
Pingüinito sentía vergüenza.

Un día vino una ballena. Todos los pingüinos se asustaron, menos Pingüinito.

Pingüinito agrandó su sombra.
—Vete, sinvergüenza —dijo, con voz de pingüinote.

—¡Eres el pingüino más inteligente, Pingüinito! —dijeron los pingüinos. Pingüinito nunca más sintió vergüenza.

Libro de fonética

8

Días especiales

por Diego Montero

Los plurales con *-s, -es, -ces*

acciones	amigos	automóviles	buenas
cartas	ciudades	cosas	días
ecológicas	envases	esos	especiales
felices	habitaciones	lámparas	luces
metales	muchos	nuestros	otros
países	papeles	pilas	reciclables
todos	usados	varias	veces

Palabras de uso frecuente

horas trece

Hoy es el Día de la Tierra. Pero todos los días podemos hacer cosas especiales por nuestro planeta.

Papá va al trabajo en bicicleta dos veces por semana. Esos días tarda varias horas más, pero vale la pena. Si muchos lo hacen, habrá menos automóviles en las ciudades.

Mamá separa envases reciclables.
Todos los metales son reciclables.

Mi hermano hace pilas de papeles usados.

Papá cambió las luces de las habitaciones. Puso trece lámparas ecológicas.

Todos escribimos cartas a nuestros amigos de otros países. Les pedimos que hagan buenas acciones por la Tierra.

Ustedes también pueden hacer buenas acciones. Si la Tierra es feliz, todos somos felices.

Libro de fonética

9

Cabrito de campo y cabrito de ciudad

por Mabel Rauch

Las palabras con grupos consonánticos con *r*

alegres	aprendieron	atronadora	Bretón
brillantes	cabrito	compró	disfrutar
enfrente	estrepitoso	estresante	extraño
fragante	gritos	prado	preciosas
primorosas	regresó	Rodrigo	tranquila
trasladarse			

Palabras de uso frecuente

triste verde

Bretón era un cabrito de ciudad. Vivía enfrente de un aeropuerto estrepitoso.

—Mi vida es estresante —dijo el cabrito Bretón.

Rodrigo era un cabrito de campo.
Vivía en un fragante prado verde.
—Mi vida es demasiado tranquila
—dijo el cabrito Rodrigo.

El cabrito Bretón compró un pasaje para trasladarse al campo.

El cabrito Rodrigo compró un pasaje para trasladarse a la ciudad.

—Aquí no hay luces brillantes ni gritos alegres —dijo Bretón—. El campo es triste. Extraño la ciudad.

—Aquí no hay catarinas preciosas ni flores primorosas —dijo Rodrigo—. La ciudad es atronadora. Extraño el campo.

Cada cabrito regresó a su casa.
Los dos aprendieron a disfrutar de su vida.

Gloria cumple años

Libro de fonética

10

por Demetrio Sosa Paz

Las palabras con grupos consonánticos con *l*

aplauden	cumple	cumpleaños	explotan
globos	Gloria	infla	manoplas
nublado	plástico	platitos	

Palabras de uso frecuente

frío sopla

Hoy es el cumpleaños de Gloria.

Mamá saca el pastel del horno con las manoplas.

Papá infla globos. Algunos globos explotan.

El día está frío y nublado.
¿Vendrán los invitados?

Todos vienen al cumpleaños
de Gloria.

Gloria sopla las velitas. Todos aplauden.

Mamá sirve el pastel en platitos de plástico.

Libro de fonética

11

Víboras

por Candelaria Alarcón

Las palabras con *b, v*

bandas	boca	bordes	saber
veneno	venenosa	venenosas	verdad
víbora	víboras		

Palabras de uso frecuente

ave vivir vuela

Todas las víboras se parecen.
Ninguna víbora vuela como un ave.
Ninguna víbora corre.
Todas las víboras se arrastran.

Las víboras también son distintas.
Algunas víboras son venenosas.

Esta víbora tiene boca roja. Tiene bandas rojas con bordes negros.

Es la víbora coral.
Esta víbora no tiene veneno.

Esta víbora tiene boca negra. Tiene bandas rojas con bordes amarillos.

Es una víbora venenosa.
No podemos vivir con ella.

Tomaste notas, ¿verdad?
Es importante saber estas cosas.

La escuela rural

por Facundo del Valle

Libro de fonética

12

Las palabras con *r*, *rr*

arriba	burro	Carola	carretera
carro	cerro	corre	correr
embarrado	horario	ladera	ovejero
perro	rápido	recreo	resbalosa
Rita	Roque	rural	

Palabras de uso frecuente

pero rojo tierra

Roque, Rita y Carola van a la escuela rural.

Roque vive arriba del cerro. Baja en su burro por la ladera.

El camino es de tierra. A veces está embarrado, pero el burro llega a horario.

Rita va en un carro rojo. Es el carro de su mamá.

Cuando llueve, la carretera está resbalosa. El carro no puede ir rápido.

Carola va a pie. A veces tiene que correr. Su perro ovejero corre con ella.

Roque, Rita y Carola juegan juntos en el recreo.

Yolanda cambia de planes

Libro de fonética

13

por Sofy Schwartz

Las palabras con *y*, *ll*

brillará	calle	cayeron	ella
ellos	lleno	llevaron	llueve
oyó	Yolanda		

Palabras de uso frecuente

hoy lluvia playa

Yolanda miró el cielo lleno de nubarrones.
“Hoy no está para andar por la calle”, pensó.

Mientras ella regresaba,
se oyó un trueno.

Y cayeron las primeras gotas.

“Jugaré con ellos mientras llueve”,
pensó Yolanda.

Yolanda trajo baldecitos de playa.

Los niños llevaron cartas al buzón.

“Hoy hubo lluvia, pero mañana brillará otra vez el sol”, pensó Yolanda.

Nuestro periódico

por Ciro Baruch Medela

Libro de fonética

14

Los diptongos *ia*, *ie*, *io*, *iu*, *ua*, *ue*, *eu*, *au*

apropiado	autopista	buen	ciudad
escuela	Eugenia	gaviotas	Horacio
información	Javier	Juan	nacimiento
noticias	nuestro	nuevo	periódico
profesiones	quiere	quieres	quiero
siembra	también	tienda	vocabulario

Palabras de uso frecuente

dio largo

En la escuela tenemos un nuevo periódico. Todos queremos escribir noticias.

El periódico de la ciudad es un buen ejemplo.
Lo leemos para aprender el vocabulario apropiado.

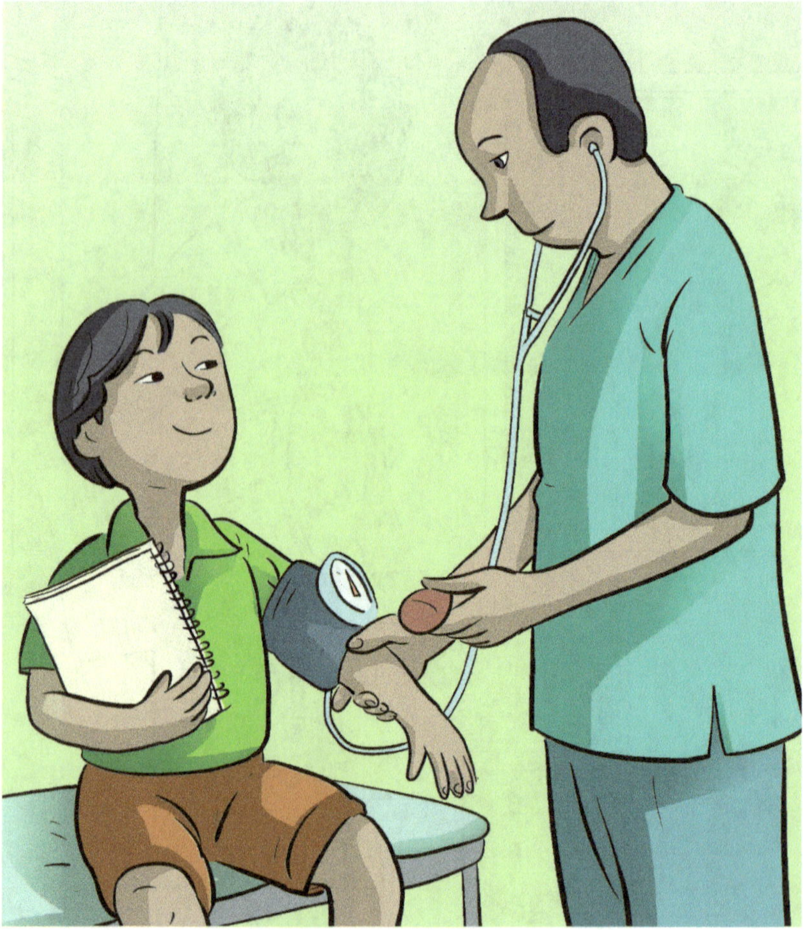

Horacio quiere escribir un largo
artículo sobre profesiones.
Su papá es enfermero.
Le dio mucha información.

Eugenia también quiere escribir sobre profesiones. Su mamá trabaja en una tienda de libros.

Juan quiere escribir sobre el nacimiento de su hermanito. Javier quiere escribir sobre la siembra de helechos.

Yo quiero escribir sobre un nido de gaviotas que vi junto a la autopista.

¿Y tú? ¿Qué quieres escribir para nuestro periódico?

Libro de fonética

15

Un plan extraordinario

por María Fourquet

Los prefijos *co-*, *con-*, *com-*, *extra-*

colaboración	colaborar	colaborativa	confidencial
compilación	compilada	cooperativa	coparticipación
copilotas	coproducida	corresponsal	extraordinarias
extraordinario			

Palabras de uso frecuente

aquella compuesto cooperar

Papá es corresponsal de un
periódico. ¿Ven aquella pila?
Es una compilación de noticias.

Nosotras decidimos colaborar con él.
Nuestro plan es extraordinario.
¡Chito! También es confidencial.

Está compuesto de comida.

También está compuesto de flores.

Cooperar hace milagros.

¡Miren el resultado de nuestra coparticipación colaborativa, cooperativa, compilada y coproducida!

Papá agradece la colaboración de sus extraordinarias copilotas.

Libro preferido

por Diego Montero

Libro de fonética

16

Los sufijos *-ado*, *-ada*, *-ido*, *-ida*

abandonada	acostumbrados	adoptada	cargada
desalmado	desconocida	desesperado	deshidratado
disparatados	divertido	entusiasmado	gustado
participado	pasada	perdida	preferido
recuperado	reunidos	terminado	

Palabras de uso frecuente

ido roto

Estoy entusiasmado con nuestro club de lectura.

El libro de la semana pasada era sobre un deportista desesperado que se había recuperado después de haberse roto una pierna.

Antes leímos uno más divertido, sobre dos ratones disparatados que habían ido al espacio en una nave cargada de queso deshidratado.

El de ahora es sobre una gatita perdida en una ciudad desconocida, que fue adoptada después de ser abandonada por un dueño desalmado.

Cuando estamos reunidos, comentamos lo que nos ha gustado más.

Hablamos solo cuando el otro ha terminado. Estamos acostumbrados a escuchar.

¿Has participado en nuestro club?
¿Te han gustado los libros?
¿Cuál fue tu preferido?

Libro de fonética

17

Una señora hermosa

por Mabel Rauch

Los sufijos *-oso, -osa, -dor, -dora*

admiradora	cariñosa	catadora	deliciosos
diseñadora	encantadora	exitosa	graciosos
habilidosa	hacendosa	hermosa	maravillosa
misteriosos	nadadora		

Palabras de uso frecuente

famosa hablador

Esta hermosa señora es mi abuela. Tiene un ático con baúles misteriosos.

Tiene disfraces graciosos, como el del conejo hablador.

Es una exitosa diseñadora de botones.

Es hacendosa, habilidosa.
Hace dulces deliciosos.
Yo soy su catadora.

También soy su admiradora: mi abuela fue una nadadora famosa.

Quiero ser una nadadora famosa como ella. ¡Tengo la mejor profesora!

Tengo una abuela cariñosa, encantadora... ¡una abuela maravillosa!

Libro de fonética

18

Los chicos se van de campamento

por Milo Bernardo

Las palabras con *h*, *ch*

chapoteamos	charlamos	chicos	Chinchulina
ha	hacemos	hasta	hay
Helena	hemos	hermosas	hojas
holgazanear	horas	hotel	hoy
hurras	marchamos	noches	

Palabras de uso frecuente

ahora fue hecho

Todos los chicos de la escuela nos hemos ido de campamento.

El campamento no es un hotel.
No hemos venido a holgazanear.
Caminamos, marchamos,
chapoteamos, cabalgamos...

También hacemos competencias
y cantamos hurras.

Hoy charlamos con Helena sobre su nueva mascota: la araña Chinchulina.

Helena le ha hecho una caja con su nombre. Dentro de la caja hay hojas y palitos.

Las noches son hermosas.
Hacemos fogatas y charlamos.
Las horas pasan volando.

El campamento fue genial, pero ya ha terminado. Ahora hay que volver a casa. ¡Hasta la próxima!

Libro de fonética

19

Leila y Rey

por Candelaria Alarcón

Los diptongos
ai (ay), ei (ey), ui (uy)

aire	airoso	beige	caimanes
cuidado	cuidan	fortuito	Leila
Rey	ruido	seis	veinte

Palabras de uso frecuente

hay muy

Leila y Rey cuidan el tránsito. Rey es un caballo. Tiene el pelo color beige.

Rey no se asusta con el ruido.
Cuando hay problemas, pasa muy
airoso con Leila entre los carros.

Cualquier incidente fortuito causa un atasco. ¡Cuidado! Unos caimanes de juguete bloquean el tránsito. Leila y Rey ponen orden.

¡Cuidado! Hay un hombre disfrazado y todos paran para mirar. Leila y Rey ponen orden.

Con el frío aire invernal, con veinte grados, Leila y Rey cuidan el tránsito.

Con el caluroso aire veraniego, con ochenta y seis grados de temperatura, Leila y Rey cuidan el tránsito.

Todos agradecen a Leila y a Rey.

Coordenadas

por Facundo del Valle

Libro de fonética

20

Los hiatos *ae, ao, ea, ee, eo, oa, oe, oo*

acaecer	área	arqueado	cooperado
coordenadas	corroe	creo	empleado
empleados	geográfico	Joaquín	Paola
pasean	paseantes	sobreactuar	telefonear
telefoneemos	veo		

Palabras de uso frecuente

idea traer

Paola y su hermano Joaquín pasean por el área montañosa del parque.

—Veo algo extraño —dice Joaquín.

—¿Es idea mía o esa grieta es nueva? —agrega Joaquín.

—No es idea tuya. Creo que la colina se ha arqueado —responde Paola.

—Por las dudas, telefoneemos a la guardia forestal —dice Joaquín.

—Sí, mejor sobreactuar que curar —dice Paola.

Joaquín pasa las coordenadas
al empleado.

Cuando la erosión corroe un accidente geográfico, pueden acaecer estas cosas.

Los empleados de la guardia deciden traer señales para alertar a los paseantes.

¡Fue una buena idea telefonear enseguida!
Paola y Joaquín han cooperado con la comunidad.

Talentos imperdibles

por Diego Montero

Libro de fonética

21

Los prefijos *i-*, *in-*, *im-*, *des-*, *re-*

desaparecer	descarado	descarrilarse	descubierto
desesperen	desfila	destapa	ilimitada
imperdible	incomparable	inédita	insuperable
inmediatamente	reaparecer	reclama	recorre
representación	revuelve		

Palabras de uso frecuente

antes irresistible repetir

Nuestra representación de talentos es incomparable, inédita, imperdible e insuperable.

Rita hace desaparecer gatitos, pero
no se desesperen.
Los hace reaparecer inmediatamente.

Este cachorro descarado reclama golosinas para repetir piruetas. ¡Es irresistible!

El tren de Alicia recorre las vías
sin descarrilarse.

Leo revuelve ensaladas sin mirar. Nunca se destapa los ojos antes de terminar.

Indra desfila con sus diseños.

La variedad de talentos es ilimitada.
¿Ya has descubierto el tuyo?

Libro de fonética

22

Las Invencibles van a la costa

por Sofy Schwartz

Los sufijos *-able*, *-ible*

alcanzable	extensibles	imposible	increíble
infatigables	inflables	inolvidable	Invencibles
irresistible	plegables	superable	

Palabras de uso frecuente

material reciclable

El equipo Las Invencibles quiere viajar a la costa.
¡Nada es imposible para Las Invencibles!

Será un viaje increíble.
Las Invencibles alquilarán
botes inflables.

La meta es alcanzable.

Hay colaboradores infatigables.
El menú es irresistible.

Las Invencibles usan vajilla de material reciclable, mesas extensibles y sillas plegables.

La meta es alcanzable… ¡y superable!

¡Hurra, Invencibles!
Será un viaje inolvidable.

Teresita

por Mabel Rauch

Libro de fonética

23

Los sufijos

-ito, -ita, -illo, -illa, -ico, -ica

borrico	cabritos	carretilla	despacito
frasquitos	membrillos	pollitos	quesadillas
sombrilla	Teresita	vasito	

Palabras de uso frecuente

bonito señal pasillo

Teresita se levanta temprano. Bebe un vasito de leche y come quesadillas.

Teresita alimenta a los pollitos,
a los cabritos y al borrico.
Es un día muy bonito.

Teresita usa la carretilla para llevar
los frasquitos de membrillos en
almíbar al camión.
También carga una sombrilla.

Teresita mira la señal de tránsito
y avanza despacito.

En ese pasillo está su puesto.
Teresita abre la sombrilla.

Todos los que pasan por el pasillo de Teresita compran los frasquitos de membrillos.

Teresita cierra la sombrilla.
Vendió todos los frasquitos
de membrillos en almíbar.

Libro de fonética

24

Misión cumplida

por María Fourquet

Las palabras con *m* antes de *b*, *p* y con *n* antes de *v*

acompañado	cambios	comparamos	comportamiento
convite	cumplida	empezamos	emplea
importante	invadan	investigación	investigar
invitamos	limpia	tiempo	

Palabras de uso frecuente

contento nombre

Hoy empezamos a investigar este pez.

Tomamos notas para investigar.
Mantenemos la pecera limpia.
Observamos los cambios de
comportamiento en el tiempo.

Este pez no quiere vivir
acompañado.
No quiere que invadan su territorio.

¿Cuánto tiempo emplea en nadar?
Todo es importante para
la investigación.

Lo invitamos a comer para observarlo. Él aprecia el convite. ¡Está contento!

Comparamos notas para investigar.

Presentamos la investigación
con nuestro nombre.
¡Misión cumplida!

Libro de fonética

25

Fuera de la ciudad

por Candelaria Alarcón

<u>Los sufijos *–mente*, *–dad*</u>

absolutamente	actividades	ansiedad
apaciblemente	asiduamente	ciudad
comodidades	completamente	estrictamente
felicidad	inmediatamente	lentamente
minuciosamente	nuevamente	responsabilidad
seguridad	suavidad	tranquilidad
velozmente		

<u>Palabras de uso frecuente</u>

realidad solamente verdad

Nosotros acampamos asiduamente.
¡Esperamos con ansiedad esos viajes!

Salimos velozmente de la ciudad.
Ingresamos lentamente al bosque.

Nos preparamos minuciosamente
para disfrutar de verdad.
No extrañamos las comodidades.
¡La naturaleza nos da felicidad!

Pescamos con responsabilidad. Conservamos solamente los peces grandes. Desenganchamos con suavidad y devolvemos inmediatamente al agua los demás.

Respetamos estrictamente la seguridad.

Dormimos apaciblemente
en la tranquilidad agreste.
¡Tantas actividades nos dejan
completamente exhaustos!

Limpiamos absolutamente todo. En realidad preferiríamos quedarnos, pero volvemos contentos a la ciudad. ¡Pronto viajaremos nuevamente!

Libro de fonética

26

¿Habrá un buey?

por Demetrio Sosa Paz

Los triptongos y los diptongos

adiós	arduas	automóvil	barrió
bien	buey	corrió	cuando
despidió	entusiasmado	esfuerzo	fue
genial	Guaira	hacia	hay
Juan	*miau*	mientras	muy
Patricio	reparaciones	requieren	sonrió
veraniego	viaje	vio	

Palabras de uso frecuente

aire clima tiempo

Patricio fue a la granja de Juan Kent. En el viaje estaba muy entusiasmado.

—¿Faltará mucho? —preguntó.

Su mamá sonrió.

Patricio vio la granja desde la ventanilla.

—¡Hay un granero rojo! ¿Habrá caballos? ¿Habrá un buey? —gritó.

Su mamá sonrió más.

Juan Kent estaba en el porche con su gatita Guaira.
Patricio bajó del automóvil y corrió hacia ellos.
—*Miau* —dijo la gatita Guaira.

Juan estaba bronceado de trabajar al aire libre en el soleado clima veraniego.

—Las labores de la granja son arduas, Patricio —explicó—. Requieren tiempo y esfuerzo.

Mientras Juan hacía reparaciones en el granero, Patricio barrió los establos y alimentó a los animales.

Cuando terminó la jornada, Juan le palmeó la espalda.

—Has trabajado muy bien —le dijo.

Al caer la noche, Patricio se despidió.
—¡Adiós, Juan! ¡La granja es genial!

Libro de fonética

27

Don Daniel, el plomero

por Lilia Mosconi

Las palabras agudas

abrió	acostó	arreglar	arregló
camión	*chucuchú*	colgar	contestó
Daniel	después	dolió	estás
exclamó	favor	giró	llegó
marchó	metió	motor	oyó
papá	pared	pasó	pregunté
preguntó	quemé	respondí	respondió
rezongó	rompió	sonó	subió
tilín			

Palabras de uso frecuente

adiós ahí

¡Chucuchú!, se oyó el motor de un camión.
Tilín, tilín, sonó el timbre después.
—¿Quién es? —pregunté yo.

Papá abrió la puerta y exclamó:
—¡Por fin llegó! ¡Es don Daniel, el plomero!
—¿Se rompió el caño del baño? —pregunté.
—No, no, no —dijo Daniel—. Vine a arreglar el fregadero.

—¿Qué estás haciendo? —preguntó, mientras abría su caja de plomero.

—Una guirnalda de flores —respondí—. Para colgar en la pared del fregadero.

—¿Qué le pasó ahí, don Daniel?
—dijo papá, señalando una venda.
—Me quemé soldando un caño
—dijo él.
—¿Le dolió mucho, don Daniel?
—pregunté yo.
—Sí, me dolió —respondió él—.
Pero ya se me pasó.

Un segundo después, don Daniel, el plomero, se acostó en el piso con gesto aguerrido, metió medio cuerpo bajo el fregadero, giró una llave y... *CRÁCATE*, se oyó un crujido.

—Esta llave no sirve —rezongó.
—¿Le alcanzo otra? —pregunté.
—Sí, por favor —me dijo él.
—Ahí la tiene, don Daniel
—le respondí… y se la di.

Don Daniel, el plomero, ya arregló el fregadero.

—Adiós, adiós, don Daniel —dijimos papá y yo.

—Adiós, adiós, hasta más ver —contestó él.

Subió al camión y se marchó.

¡Chucuchú!

Libro de fonética

28

Esperando el verano

por Diego Montero

Las palabras graves

afuera	agosto	algo	amigo	árbol
barquito	batimos	béisbol	brilla	cada
césped	colocarle	corro	crezco	dice
distraído	divertirse	ella	equipo	fácil
faltan	favorita	hace	hasta	hojas
invierno	loco	mullido	otoño	para
pasamos	pero	porche	porque	primavera
queden	récord	reímos	repelados	repente
saludarme	sobre	todos	verano	

Palabras de uso frecuente

nieve siempre viento

¡Qué calor hace en agosto! El sol brilla sin parar. Es muy fácil divertirse. Siempre hay algo para hacer afuera.

Mi equipo de béisbol es el mejor. Siempre batimos algún récord. Nos reímos a lo loco y lo pasamos genial.

Ayer fui a pescar con mi amigo Martín. Él botó su barquito de metal, pero olvidó colocarle un flotador porque es muy distraído. El barquito se hundió.

Mamá dice que yo crezco un montón de centímetros en el verano. ¿Será porque corro tantísimo al sol sobre el césped mullido?

El mes próximo vendrá el otoño. El viento se enfriará de repente. Cada árbol comenzará a perder sus hojas hasta que todos queden repelados.

Después llegará el invierno, con su aluvión de frío. Miraré la nieve a través del cristal y contaré los días que faltan para mi estación favorita.

Una mañana comenzaré a oír miríadas de pájaros. La primavera entrará a saludarme. Y yo me sentaré con ella en el porche todos los días... a esperar el verano.

Un año fantástico

por María Fourquet

Libro de fonética

29

Las palabras esdrújulas

altísimos	anécdotas	anímate	árboles
cálculos	centímetro	complejísimos	cuéntanos
dibujábamos	difíciles	esféricos	fantástico
habíamos	hacíamos	instantánea	lindísimas
muchísima	múltiples	números	pintábamos
poníamos	prójimo	rápido	riquísimos
rótulos	sándwiches	término	terráqueo

Palabras de uso frecuente

estábamos último

Pronto llegará a su término el año escolar. No es el primero ni el último, pero ha sido fantástico.

Aprendimos a contrastar,
observando con muchísima atención
hasta el último detalle.

Aprendimos a usar un centímetro para medir objetos esféricos, como el globo terráqueo. Aprendimos a hacer cálculos difíciles con números altísimos.

Aprendimos a resolver problemas complejísimos.

Al principio, pintábamos calabazas lindísimas de múltiples colores. También dibujábamos árboles y les poníamos rótulos para escribir lo que habíamos aprendido.

Miren esta instantánea. ¿Dónde estábamos? Estábamos en el banco de alimentos. ¿Qué hacíamos? Hacíamos sándwiches riquísimos para ayudar a nuestro prójimo.

¡Qué rápido pasa el tiempo! ¿Tú tienes anécdotas de este año fantástico? ¡Vamos, anímate! ¡Cuéntanos tus anécdotas!

Av. Hielo Frío

por Lilia Mosconi

Libro de fonética

30

Las abreviaturas

Av.	Cap.	Dra.	Fed.
Mme.	p.m.	sáb.	sept.
Sr.	Sra.	Srta.	Vta.

Palabras de uso frecuente

hielo refugio

El Sr. Pelín vio un cartel y tomó nota:
Vta. de garaje
sáb. 17 sept., 3 p. m.
Av. Hielo Frío 123, Cap. Fed.

El Sr. Pelín habló de la venta en la
Av. Hielo Frío con la Sra. Rizo de Pelín.

La Sra. Rizo de Pelín llevó a Mme. Lizet a la veterinaria de la Dra. Yen y habló de la venta en la Av. Hielo Frío con la Dra. Yen.

La Dra. Yen habló de la venta
en la Av. Hielo Frío con la
Srta. Naranjales y le dijo que la
Av. Hielo Frío quedaba cerca del
refugio de animales donde trabaja
la Srta. Naranjales.

La Sra. Rizo de Pelín, la Dra. Yen y la Srta. Naranjales hablaron de la venta en la Av. Hielo Frío con el Sr. Bigote, la Sra. Peluca, el Sr. Rubio y mucha gente más.

El sábado a las 3 p. m., el Sr. Pelín, la Sra. Rizo de Pelín, la Dra. Yen, la Srta. Naranjales, el Sr. Bigote, la Sra. Peluca, el Sr. Rubio y todos los demás fueron a la Av. Hielo Frío 132, Cap. Fed. Pero allí no había nada.

—¡Caracoles! —dijo el Sr. Pelín, releyendo sus notas—. No es en Av. Hielo Frío 132, Cap. Fed., sino en Av. Hielo Frío 123, Cap. Fed. Y hacia allí fueron todos.